# EXPLORATION

# DU SAHARA

ET

## DU CONTINENT AFRICAIN

### PAR JULES GÉRARD.

PARIS

E. DENTU, LIBRAIRE-EDITEUR

PALAIS-ROYAL, 13, GALERIE D'ORLÉANS

—

1860

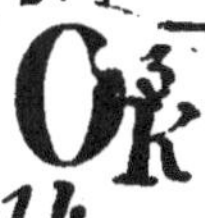

# EXPLORATION

# DU SAHARA

## ET

## DU CONTINENT AFRICAIN

PARIS

IMPRIMERIE DE L. TINTERLIN ET Cᵉ

rue Neuve-des-Bons-Enfants, 3.

# EXPLORATION

# DU SAHARA

ET

## DU CONTINENT AFRICAIN

### PAR JULES GÉRARD.

PARIS

E. DENTU, LIBRAIRE-ÉDITEUR

PALAIS-ROYAL, 13, GALERIE D'ORLÉANS

1860

# EXPLORATION

# DU SAHARA

## ET DU CONTINENT AFRICAIN

En lisant les récits des voyageurs qui ont entrepris des explorations lointaines à travers des contrées d'un accès périlleux, on trouve que le but de l'entreprise a été rarement fécond en résultats utiles quand le voyageur se trouvait isolé.

Nous verrons bientôt comment, et combien est préférable, au point de vue de la sécurité et des avantages qu'on se propose d'obtenir, l'exploration organisée.

En recherchant l'objet qui a motivé chaque voyage, nous trouvons toujours le culte en pre-

mière ligne, la science marchant immédiatement
après, et l'intérêt matériel ou le commerce venant à la suite.

Ce que les missionnaires et les savants ont
vaincu de difficultés, de souffrances morales et
physiques dans ces entreprises, est vraiment di-
gne d'admiration et bien fait pour stimuler l'é-
mulation de ceux qui se sentent la force de marcher dans cette voie glorieuse.

Cependant, nous voyons que, chez nous, les mis-
sions seules continuent à fournir leur contingent
d'adeptes, tandis que la science et le commerce,
quoique non moins intéressés, se décident plus
difficilement pour les longs et dangereux voyages.

L'explication de cet état de choses n'est pas
difficile à trouver : c'est le fait de l'*isolement*,
c'est-à-dire de l'individu se trouvant *seul* en présence d'un exil volontaire illimité, de mille difficultés à vaincre sans pouvoir compter sur un ap-
pui, de dangers souvent au-dessus de la force d'un
homme, quelle que soit sa force, des maladies
les plus graves sans aucun moyen de s'en préser-
ver ou de les traiter, de l'impossibilité de corres-
pondre avec sa famille et ses amis, enfin de la

mort la plus obscure venant s'emparer de lui au milieu de populations indifférentes, si elles ne sont hostiles, et sans une main amie pour fermer ses yeux et lui donner la sépulture. Tels sont, d'après nous, les motifs qui empêchent les explorations lointaines dans les contrées réputées difficiles ; et l'on reconnaîtra sans peine que ces motifs soient suffisants pour calmer l'élan des plus intrépides. Il est vrai que ces difficultés et cette perspective ne font que grandir ceux qui les ont bravées, et leur valent l'admiration et les sympathies de tous les peuples de l'Europe.

Mais ces individualités, si rares que nous pouvons les compter, Humbolt, Caillé, Cochelet, Vogel, Livingston, Barth, Anderson, ont-elles pu recueillir de leurs longues et si pénibles explorations tout ce qu'elles en espéraient ? Les résultats obtenus répondent-ils à ce qu'en attendaient ceux qui les accompagnaient de leurs vœux et les explorateurs eux-mêmes ? La preuve du contraire se trouve dans l'expédition organisée depuis peu, en Angleterre, par le docteur Livingston. Ce courageux pionnier de la civilisation, après avoir traversé tantôt seul, tantôt avec un chasseur,

M. Oswald, le centre du continent africain ; après avoir vécu quinze ans au milieu des sauvages, a trouvé que pour servir avec succès l'humanité, la science et les intérêts matériels de ces populations et de l'Europe, il fallait autre chose qu'une individualité agissant avec ses propres forces ; c'est pourquoi le docteur Livingston a fait appel à la force de cohésion, d'association qui, dans ces contrées comme partout ailleurs, nous devrions dire *plus qu'ailleurs*, permet de faire de grandes choses.

Le célèbre voyageur est donc parti cette fois avec un bateau à vapeur qui lui permettra d'explorer une partie des fleuves et des lacs du continent africain, avec un personnel nombreux et choisi de savants, de chasseurs et de négociants, en un mot, avec tous les moyens de rendre profitables ses explorations passées et futures. Ce fait n'est-il pas un bon exemple à suivre ; et la France ne peut-elle agir dans le même sens, quand son intérêt particulier et celui de l'Europe entière s'y trouvent engagés ? La possession d'une colonie dans le nord de l'Afrique n'est-elle pas à la fois une raison et un moyen ? Une raison par les ri-

chesses de tonte nature qui s'y trouvent à sa por-
tée; un moyen par les éléments indigènes, sus-
ceptibles de faciliter les explorations.

L'utilité de communications multipliées avec
les peuples du continent africain étant reconnue
par tout le monde, il reste à chercher la manière
la plus susceptible de rendre ces entreprises fa-
ciles et profitables aux deux pays.

Il y a deux manières de pénétrer dans ces contrées. La première consiste à faire partir un
voyageur avec une caravane, c'est ce que nous
appelons l'exploration isolée, parce que le savant,
le naturaliste, le géographe, l'ingénieur se trouve
*seul* capable de recueillir quelque utilité du
voyage qu'il entreprend au milieu des indigènes
qu'il accompagne. La seconde manière consiste à
former une société d'hommes doués d'aptitudes
et de talents divers, disposant de tous les moyens
d'action propres à rendre leurs travaux et leurs
observations profitables, et entreprenant un
voyage avec des guides intéressés au succès de
l'expédition, alors c'est une société d'exploration.

Si on compare ces deux manières, on trouve
d'abord qu'il est difficile de rencontrer un homme

réunissant la somme de connaissances nécessaires pour rendre le voyage utile à tous les points de vue ; ensuite, que cet homme étant trouvé, n'aura ni le temps, ni les moyens de bien voir et surtout de recueillir les matériaux qui doivent être le but de son voyage ; enfin, cet homme étant seul, ne pourra pas toujours lutter contre les maladies qui lui prendront une grande partie de son temps, si elles ne l'enlèvent pas au milieu ou vers la fin de sa tâche. Une société d'explorateurs, marchant avec ses guides, a l'avantage inappréciable de n'être pas assujettie à suivre l'itinéraire d'une caravane, elle se dirige où elle veut, s'arrête quand il lui plaît, elle sillonne le pays dans tous les sens, au lieu de le traverser dans un seul.

Rencontre-t-elle des ruines ? elle peut les interroger, recueillir des inscriptions et même faire des fouilles. Se trouve-t-elle au milieu d'une population agricole ? elle étudie à loisir ses ressources et ses méthodes, ajoute aux premières et enseigne à modifier les autres. Apprend-elle qu'il existe des gîtes minéralogiques importants ? elle se détourne de son chemin pour les visiter et les reconnaître. Arrive-t-elle sur un marché important? elle peut étudier la qualité et la quantité des produits indigènes que notre commerce pourrait en tirer, et rechercher l'importance des importations possibles de notre côté. — Les naturalistes, les géographes, les médecins, les agriculteurs, les militaires, les ingénieurs, les commerçants, les artistes, tous ont le temps et sont pourvus des moyens de voir, d'étudier, de travailler chacun dans la spécialité qui lui est propre. Plus la marche de l'exploration est lente, plus elle permet de tout voir et de bien voir; plus elle rayonne et plus elle est profitable, — elle ne l'est même qu'à cette double condition.

Partant de ce principe que l'exploration composée d'aptitudes diverses et marchant à son gré, est, à tous les points de vue, supérieure et préférable à l'exploration isolée, nous allons rechercher le moyen le plus sûr pour arriver à la meilleure organisation d'une *série* d'expéditions de cette nature.

La civilisation, la science, l'agriculture, le commerce et l'industrie étant intéressés dans cette question, nous voudrions baser sur cette force des nations organisées notre point de départ, c'est-à-dire la fondation solide d'une *Société d'explorations*,—et, pour que l'institution répondît à ce que l'on serait en droit d'en attendre, il faudrait que les académies, les sociétés de géographie, d'agriculture, degéographie, d'acclimatation, d'ingénieurs, et les chambres de commerce fussent appelées à envoyer une cotisation individuelle ou par corps organisé, pour subvenir aux frais d'équipement et d'entretien d'un corps de guides indigènes permanent, ainsi que pour les frais des expéditions.

Constituée sur cette base, la société serait assez forte pour qu'une expédition terminée fût immédiatement suivie par une autre et même pour en entreprendre plusieurs à la fois. — On s'inquiétera, sans doute, et non sans raison, de quelle protection nous comptons entourer les existences précieuses qui seront ainsi lancées à travers l'immensité des déserts, au milieu de populations barbares. Les maîtres que nous avons cités plus haut nous ont appris que rien n'intéresse les peuples du continent africain et autres, vivant dans le même État, comme la médecine, le commerce et la chasse. La preuve de ce fait, c'est que tous, sans exception, se sont, par conviction, faits, ce-

lui-ci chasseur, celui-là médecin, cet autre por-
teur de marchandises. Nous pouvons citer comme
un exemple récent le brave docteur Livingston,
qui, plusieurs fois, a déposé la Sainte-Bible pour
prendre le fusil. Il est vrai qu'il y a perdu un peu
de ses chairs et l'usage d'un bras, par le fait d'un
lion en colère; mais cela ne l'empêche pas de reconnaître et de prouver qu'avec la chasse, le commerce d'échanges, un peu de médecine et beaucoup de bons procédés, on va partout et même
qu'on en revient. Ces voyageurs expliquent l'attrait de la chasse aux yeux des populations sauvages, de deux manières : D'abord, lorsqu'elles
sont nomades et possèdent de nombreux troupeaux, par l'intérêt et le plaisir qu'elles ont à voir
détruire les bêtes féroces qui leur causent de
grandes pertes; ensuite, quand elles sont agrico-
les, par l'avidité avec laquelle elles se jettent sur
le gros gibier abattu par les chasseurs, qui leur
permettent ainsi de sortir du régime maigre au-
quel elles ne se soumettent que faute de mieux.
L'attrait qu'exercent la médecine et le commerce
est trop évident pour qu'il soit utile de l'expli-
quer.

C'est donc un personnel de guides et de chasseurs qu'il s'agirait de recruter dans l'intérieur
de l'Afrique. Il n'y a là aucune difficulté, pourvu
que les hommes à choisir reçoivent une rémuné-
ration proportionnée à leurs services et à leurs
peines. Le point de départ une fois trouvé, on ira
*partout* ensuite, de proche en proche et par les
mêmes moyens.

Organisée sur de telles bases, la *Société d'explorations* pourrait, afin de mettre son personnel ac-
tif en haleine, diriger une première expédition
sur le Soudan, à Kanou et Sakkatou, qui passent
pour être les marchés les plus considérables de
ces contrées; puis on commencerait l'exploration
lente et progressive du continent, en établissant
des stations commerciales pour intéresser les naturels à la présence des blancs parmi eux.

Le général Daumas nous a appris que, sur cette
vaste mer de sables, vivait un peuple mystérieux,
de race blanche, d'un type magnifique, mais dont
l'origine, la langue et les coutumes nous sont in-
connues. Tout ce que nous en savons par les récits des indigènes, c'est qu'ils s'appellent les
*Touaregh* et qu'ils sont les maîtres absolus et les

pirates du Sahara. — N'y a-t-il pas là, pour commencer, un sujet d'études intéressant et peut-être un résultat utile ? — Après avoir exposé comment une société d'explorations permanentes serait profitable au point de vue scientifique, il nous reste à examiner le côté commercial et industriel, moins intéressant pour quelques-uns, mais aussi utile pour le plus grand nombre. D'après ce que nous savons par les Arabes qui ont pénétré dans le pays des nègres, et par les naturels que nous avons interrogés maintes fois, il est certain qu'il se fait, dans le Soudan et sur les deux rives du Niger, un commerce d'échanges considérable. Jusqu'à présent ce commerce a eu deux débouchés : le premier à l'Est, par Tunis et Tripoli ; le second à l'Ouest, par le Maroc.

Il résulte de cet état de choses, que la France reste complétement étrangère à ce mouvement commercial qui, cependant, se fait non loin des limites méridionales de sa colonie. De sorte que, non-seulement nos manufacturiers ne trouvent pas à écouler de ce côté les produits fabriqués qui sont recherchés par les indigènes, mais encore, il nous faut acheter aux trafiquants étrangers les objets qui en proviennent. Ne serait-il pas plus rationnel et surtout plus profitable que le commerce et l'industrie de la France intervinssent *directement?* Cela ne fait pour personne l'objet du moindre doute ; mais alors, dira-t-on, pourquoi ne le fait-on pas ? c'est qu'ici se dresse, comme un obstacle insurmontable, le terrible épouvantail des immensités à parcourir, des populations barbares, etc...

Bien loin de nous est la pensée de nier ou d'amoindrir les difficultés qui existent ; nous les reconnaissons volontiers, mais sans les regarder comme insurmontables. D'après les informations nombreuses que nous avons prises à bonne source, il n'existe réellement que deux grandes difficultés qui s'opposent à nos relations avec le pays des nègres ; la première et la plus importante est *l'insécurité*, la seconde est le manque, ou plutôt la pénurie d'eau. Ce point une fois bien reconnu, il s'agit de trouver les moyens praticables pour combattre et aplanir ces difficultés. Or, en toutes choses et dans tous pays, c'est en cherchant qu'on trouve.

Si nous recherchons la cause de *l'insécurité*, nous trouvons qu'elle est le fait des *Touaregh*, population nombreuse, guerrière, de race inconnue, mais occupant les routes qui du Nord, de l'Est et de l'Ouest aboutissent au Soudan. Nous savons en outre que ces hommes voilés vivent sous la tente, un peu du produit de leurs troupeaux, beaucoup des impôts forcés ou consentis qu'ils prélèvent sur les caravanes. Nous voyons encore que les caravanes qui paient, sans lésiner, ce droit de passage, ne sont jamais inquiétées, et même qu'elles obtiennent des escortes; mais aussi que lorsque d'autres cherchent à tromper la surveillance des Touaregh, elles se font piller sans merci.

On voit d'après cela, que ces prétendus sauvages raisonnent assez juste, n'agissent pas trop mal, et qu'il est possible de s'entendre avec eux puisque, moyennant une rétribution convenue, ils se comportent en amis vis-à-vis de ceux qui les comprennent.

Ceci trouvé, nous voudrions cependant, avant de nous décider à faire un trop grand sacrifice à la sécurité, examiner s'il ne serait pas possible

d'obtenir avec ces pirates, de meilleures et surtout plus durables conditions.

La contribution forcée ou consentie, pour le
passage d'une caravane nous repugne : d'abord
parce que tout ce qui est forcé est indigne d'un
grand peuple comme le nôtre, et qu'ici, le mot
consenti ressemble trop à la violence ou, du moins,
à un droit reconnu ; ensuite, parce que cela coûte
cher , et que la protection est ou doit être en raison de la valeur payée ; enfin, nous rejetons ce
moyen, parce que nous avons la conviction qu'il
y a mieux à faire sans bourse délier. Ce que l'on
veut, c'est pouvoir franchir en paix, avec une
caravane chargée de marchandises, le pays situé
entre les limites de l'Algérie et le Soudan ; visiter
un ou plusieurs des marchés principaux ; y séjour-
ner le temps indispensable à l'échange des marchandises et produits de l'Europe et de l'Afrique;
et pouvoir revenir en sûreté avec ces derniers.

Puisque les populations qui sont maîtresses des
routes à suivre et celles qui commandent sur les
marchés, se contentent d'une part d'intérêt une
fois donnée, pour nous laisser tranquilles et même
nous protéger au besoin : n'y a-t-il pas tout lieu

de croire qu'elles agiraient de même et plus volontiers, si cet intérêt était plus grand et *surtout*
de longue durée, au lieu d'être seulement un intérêt de passage ?

Si cette question pouvait être mise en doute,
nous répondrions par un fait d'une grande importance qui s'accomplit en ce moment au Sud et
bien loin du pays dont nous parlons.

Le docteur Livingston se trouve là *aujourd'hui*
occupé à établir des stations commerciales parmi
les peuples noirs qui habitent les deux rives du
Zambèze. Or, pour que le gouvernement anglais et
les chambres de commerce de l'Angleterre aient
prêté leur concours à l'intrépide docteur et lui
aient fourni les moyens nécessaires à une si
grande entreprise, il a fallu que ses rapports sur
les ressources, les avantages et la *sécurité* que
le commerce trouverait dans ces contrées fussent
favorables et écoutés. Voilà donc un exemple
matériel et palpable de la possibilité de lier des
relations sûres avec les peuples de l'Afrique méridionale, et nous ajouterons un exemple bon à
suivre quand il nous est donné par les maîtres
en fait de trafic et de négoce en pays incivilisé.

Maintenant si nous considérons que les naturels du *Niger* sont les mêmes que ceux du *Zambèze* quant à la race, aux mœurs, aux coutumes, au caractère et à la langue, nous ne comprenons pas pourquoi ce qui est accepté avec joie par ceux-ci pourrait déplaire à ceux-là, surtout quand il s'agit de leurs intérêts les plus chers. Ceci a trait plus spécialement aux populations nègres, c'est-à-dire à celles qui sont maîtresses des marchés. Quant à celles qui commandent aux routes, nous savons que si elles diffèrent des autres par la couleur de ia peau, la langue et les usages, elles sont *autant* que les premières sensibles au gain, et qu'elles en ont la plus grande intelligence. C'est donc sur cette base commune aux uns et aux autres, *l'intérêt*, que nous devons nous appuyer pour assurer non-seulement notre passage, mais encore notre établissement commercial dans ce pays, et voici comment nous entendons procéder :

Une caravane part du nord de notre colonie soit par la route d'*Insalah* (qui est à l'Ouest), soit par celle de *Ghat* (qui est à l'Est). On s'étonnera peut-être de trouver ici le mot *caravane* quand précédemment nous avons présenté comme mauvais le moyen de voyager utilement dans ces contrées avec les caravanes. C'est que, dans ce cas, nous employons le mot·*guéfela*, consacré par les Arabes, et seulement le mot ; car l'organisation ne doit ressembler en rien à l'amalgame désordonné d'une vraie *caravane ;* cela dit une fois pour toutes, continuons : la route qu'elle suivra en allant ne sera pas celle du retour, afin de pouvoir les explorer toutes deux et s'arrêter, *pour l'avenir,* à la *meilleure.* En arrivant aux limites de nos possessions les plus méridionales, le chef de la caravane ou *guéfela,* envoie des députés, montés sur des *maharis* rapides, chez le chef des Touaregh qui est maître de son chemin. Ces députés, qui sont des anciennes connaissances du chef de tribu, lui font savoir l'objet de leur mission qui est, du reste, présenté sous forme de lettre et peut se traduire ainsi : « Les Français désirent ouvrir des relations commerciales avec le Soudan. Ils savent que vous êtes un grand chef, et ils veulent vous avoir pour ami en vous faisant profiter des avantages de leur commerce avec les noirs.

« Une caravane est en chemin. Celui qui la commande vous apporte, avec des paroles de paix, les moyens de vous enrichir. Il vous laissera un dépôt important de marchandises de son pays, dont *la moitié*, à votre choix, sera *votre bien*.

« Tout ce qu'il vous demandera, c'est que l'autre moitié soit échangée par vos gens sur les marchés en produits de *telle nature*; et, chaque année, lui, ou un des siens, reviendra et toujours vous laissera la même quantité d'objets des pays du Nord.

« Vous pourrez même lui demander ceux que vous préférez; et il vous les apportera, parce que les Français ont le cœur large; et quand ils ont des amis, ils ne comptent pas avec eux. »

Ce procédé, bon pour les Touaregh, devra réussir infailliblement auprès des hommes qui sont les maîtres des marchés; à moins, toutefois, que la direction des caravanes ne soit confiée à des hommes irascibles, imprudents et peu accoutumés au contact des peuples de l'Afrique. Comme nous serions nous-même coupable d'imprudence en ne prévoyant pas tout ce qui peut arriver, nous ajouterons qu'en cas d'insuccès et d'attaque, l'organisation donnée permettrait de sauver la caravane, et la leçon reçue serait assez bonne pour que bientôt des pourparlers, et sans faire un pas en arrière, une bonne paix suivissent cette bourrasque. Mais nous regardons un événement de cette nature comme impossible si la caravane est dirigée *convenablement*.

Après avoir établi quelques dépôts de marchandises sur les marchés et terminé les échanges qu'il compte rapporter avec lui, le chef de l'expédition revient par *l'autre route* à son point de départ.

Il doit alors être fixé sur le choix à faire entre ces deux routes ; et, dans le cas où elles seraient également bonnes, sauf une légère différence dans la longueur du trajet, s'assurer la bienveillance des populations de l'Est et de l'Ouest, de manière à pouvoir, chaque année, diriger deux caravanes à la fois au lieu d'une. Il y aurait un grand avantage à pouvoir pratiquer ce dernier moyen, qui multiplierait nos relations avec ces peuples et élargirait les débouchés.

Voilà, selon nous, tout ce qu'il y a à faire pour combattre et aplanir le premier et le plus grand obstacle qui, avons-nous dit, est *l'insécurité*. On voit qu'il ne s'agit nullement d'un voyage une fois accompli, mais bien d'une série d'expéditions efficaces. On se demandera peut-être comment nous prétendons exonérer les caravanes de l'impôt prélevé sur elles par les *Touaregh* et les *noirs,* quand nous leur donnons une quantité d'objets d'une valeur supérieure à cet impôt.

L'explication est facile : les marchandises échangées obtiennent, par le fait de l'échange, une valeur qui les double. Si nous laissons à un chef un dépôt estimé à mille francs, dont la moitié en toute propriété, l'autre moitié revenant convertie en produits africains, rétablira l'équilibre. C'est de cette manière, qu'en ayant l'air de donner beaucoup, on pourra, comme nous l'avons dit, sans bourse délier, obtenir non-seulement l'accès assuré des marchés importants de l'Afrique méridionale, mais encore y établir des relations suivies.

Il nous reste à parler du second obstacle, qui est la *pénurie d'eau.* Nous savons, en effet, qu'en suivant les itinéraires fréquentés autrefois par les indigènes de notre colonie, il faut marcher quelquefois cinq à six jours sans rencontrer ni puits, ni source, ni rivière. L'obligation d'emporter de

l'eau avec soi devient alors un embarras, surtout
si l'on a beaucoup de monde et un grand nombre
de chameaux. Il faut donc rechercher comment
on pourrait, avec le temps, aplanir cette difficulté, tout en employant encore la manière arabe
qui, à la rigueur, est praticable, et n'offre d'autre
inconvénient que de boire de l'eau ballottée dans
les outres et d'emmener un certain nombre de bêtes de transport de plus. Les observations atmos-
phériques qui sont faites en Algérie depuis l'occu-
pation, démontrent clairement que la pénurie
d'eau, dans les contrées méridionales, n'a pas
pour cause le manque de pluies. Il est constaté,
au contraire, que la quantité d'eau tombée du
ciel, chaque année, est supérieure à la moyenne
de divers pays du Nord, parmi lesquels se trouve
la France. C'est donc à la qualité du sol, particu-
lière aux plaines du Sud, qu'il faut attribuer l'ab-
sence de sources et de cours d'eau importants.
Cela se comprend d'autant mieux que, presque
partout, ce sol est sablonneux jusqu'à une cer-
taine profondeur, et qu'il laisse passer les eaux à
travers sa surface jusqu'aux couches plus soli-
des qui peuvent les retenir. Ce sont ces observa-

tions qui ont amené M. le général Desvaux à entreprendre des forages artésiens au nord du Sahara et dans ses parties les plus arides. Or, on sait
que presque partout l'eau a jailli assez considérable
pour être utilisée à l'irrigation des terres, et
que ces forages ont été pratiqués à de très-gran-
des distances les uns des autres et dans plusieurs
directions. Quant à la profondeur à laquelle on
est arrivé dans ces travaux si utiles, la moyenne
ne dépasse pas vingt mètres. Ceci prouve suffisam-
ment qu'il existe, au sud de la chaîne de l'Atlas,
une nappe d'eau souterraine qui a été formée et
s'alimente par les pluies de la saison d'hiver. Ce
fait est corroboré par l'existence de quelques oa-
sis situées à cent lieues, et plus, en avant de l'Atlas, et où les Arabes ont pu faire jaillir l'eau en
creusant le sable à une profondeur de quelques
mètres. Enfin, il se trouve encore confirmé par
les puits qui servent de stations aux caravanes.

En conséquence de ces faits qui sont connus de
tous, ne peut-on pas espérer qu'un ingénieur ha-
bitué à ce genre de travail, familier au pays qui
nous occupe et muni du personnel et des instru-
ments nécessaires, pourra faire des recherches

utiles entre les stations qui existent déjà ; et peut-
être, à la longue, arriver à multiplier les puits artésiens sur la route des caravanes, de telle façon
qu'ils se trouvent échelonnés d'étape en étape ?

Si l'on admet que ce soit possible pour la moitié
du trajet de nos frontières méridionales au pays
des Touaregh, il est évident que de ce point aux
limites du Soudan il en sera de même, puisque
les montagnes si considérables du pays des Touaregh continuent, été comme hiver, à déverser, au
Sud comme au Nord, une grande quantité de ruis-
seaux et de sources courantes qui forment néces-
sairement une nappe d'eau souterraine d'un vo-
lume important.

Quand nous émettons le désir de voir ces études théoriques passer à l'état pratique, nous n'a-
vons pas seulement en vue l'abondance de l'eau
sur la route des caravanes. Ainsi que nous l'avons
déjà observé, à la rigueur on peut suivre ces routes telles qu'elles sont aujourd'hui, sauf un plus
grand nombre d'animaux servant au transport des
provisions. Mais il y a dans ce fait des puits artésiens nouveaux, d'autres avantages d'une plus
haute importance : le premier est de fixer une

population nomade nombreuse et jusque-là pil-
larde autour de chaque puits, où elle accourt avec
empressement pour y planter des arbres, se bâtir
des demeures fixes et se transformer; le second
est l'effet moral qu'un tel bienfait produit toujours,
et d'une manière infaillible, sur ces peuples si
intéressés.

Comment la sécurité des relations et des communications ne pourrait-elle pas gagner à ce nou-
vel état de choses, quand ce serait par notre ini-
tiative et avec nos moyens qu'il aurait été obtenu?

Les démonstrations enthousiastes qui ont suivi
immédiatement l'apparition de l'eau jaillissante,
pendant les tentatives heureuses du général Desvaux au nord du Sahara, suffisent pour lever toute
objection et tout doute à cet égard ; et cela s'ex-
plique facilement chez des peuplades où l'eau est
la plus grande richesse, le plus grand bienfait et
même la première condition de leur existence.

Telles sont, d'après nous, les difficultés à lever
pour que ces contrées soient ouvertes d'une manière sérieuse, permanente et avantageuse au
commerce, à la science et à la civilisation; tels
sont aussi les moyens qui nous paraissent effi-

caces et praticables pour aplanir ces difficultés.

Notre conviction ne repose point sur des données incertaines, mais sur une longue suite d'études, d'observations, d'investigations, et une connaissance approfondie des hommes sur lesquels il faut s'appuyer pour mener une telle entreprise à bonne fin.

Cette conviction est tellement sérieuse, réfléchie et arrêtée, que nous sommes prêt à marcher dans cette voie, si les autorisations et les moyens d'action nécessaires nous sont donnés.

Toutefois, nous croyons devoir faire une restriction à notre projet ; c'est que, regardant un *seul voyage* dans ces contrées comme ne devant produire que l'effet d'un coup d'épée dans l'eau, nous n'entrerons dans cette carrière qu'avec la certitude de pouvoir y consacrer plusieurs années consécutives, c'est-à-dire avec l'assurance d'être à même de pouvoir revenir, quand nous aurons dit là-bas : *Nous reviendrons ;* ne pas être abandonné dans notre entreprise, et perdre ainsi, dans un moment d'hésitation, le fruit de toutes nos peines.

Une autre question des plus importantes, des

plus intéressantes pour notre colonie et au point de vue de l'humanité en général, trouve ici sa place. Nous voulons parler des peuples noirs : d'un côté, l'Europe entière s'est souvent et long-temps préoccupée du sort de ces malheureux qui étaient vendus comme du bétail ; de l'autre, nos colons se plaignent sans cesse du manque de bras.

Quels ont été les effets produits par les croi-sières ayant pour mission d'empêcher la traite des noirs ? Chacun le sait aujourd'hui : ceux qui étaient destinés à l'esclavage ont été égorgés faute d'acquéreurs. Puisqu'il en est ainsi, et qu'on ne sait comment sortir de ce dilemme terrible : voir ceux que nous voulons protéger contre l'es-clavage *massacrés sans merci* , ou rétablir l'es-clavage ; pourquoi ne pas tenter d'ouvrir à ces malheureux les portes de notre colonie, où ils trouveront la sécurité et le bien-être, en appor-tant à l'agriculture et à l'industrie le concours de leurs bras ?

Que faut-il pour cela ? Pénétrer au milieu d'eux, accompagné de ceux de leur race et de leur tribu qui ont vécu parmi nous, afin de les convaincre des avantages qui les attendent ; puis leur fournir les moyens d'arriver. Or, nous pensons que notre projet d'explorations permanentes peut encore résoudre cette question.

FIN.

BUREAUX D'ABONNEMENT, 13, QUAI VOLTAIRE, A PARIS
ET A LA LIBRAIRIE DENTU, PALAIS-ROYAL

PARIS........ Trois mois, 14 fr. — Six mois, 26 fr. — Un an, 54 fr.
DÉPARTEMENTS. Trois mois, 15 fr. — Six mois, 29 fr. — Un an, 56 fr.
ÉTRANGER..... Le port en sus, suivant le pays.

# REVUE
# EUROPÉENNE

### RECUEIL

## LITTÉRAIRE, POLITIQUE, SCIENTIFIQUE ET PHILOSOPHIQUE

Paraissant DEUX FOIS PAR MOIS, le 1ᵉʳ et le 15

Par livraison de 14 feuilles grand in-8° (224 pages d'impression)

### Directeur : M. AUGUSTE LACAUSSADE

La *Revue Européenne* a rapidement conquis une place importante dans la presse périodique, parmi les recueils les plus estimés; elle doit la faveur qui l'a accueillie dès son origine au concours assidu, au talent consacré des hommes éminents qu'elle compte parmi ses collaborateurs, autant qu'à cette portion notable du public qui s'intéressent les travaux de l'esprit et les hautes investigations de la science.

Confiée aux soins d'une direction libérale, éclairée par l'expérience du passé, la *Revue Européenne* a cherché son originalité à une égale distance des sentiers frayés et des innovations bruyantes; elle a voulu tenir compte de tous les éléments, accueillir les hardiesses heureuses, tout en maintenant la tradition et la règle.

A côté des noms les plus autorisés, elle a groupé d'autres noms ou plus jeunes ou nouveaux, à qui n'avait manqué jusqu'ici que l'occasion de se produire.

Quelques-unes des études philosophiques, littéraires, politiques ou économiques qui ont paru dans la *Revue* sont devenues des livres recherchés.

Le mouvement des esprits, les besoins du temps présent, les événements contemporains constatés, suivis, expliqués par des voix dont nul ne conteste l'autorité : tels sont les éléments qui forment dans la *Revue Européenne* un ensemble de publications du plus haut intérêt.

La chronique politique de la quinzaine, soigneusement étudiée, présente aux lecteurs un avantage que chacun peut apprécier, celui de pouvoir résumer avec exactitude la situation, en puisant ses renseignements aux sources les plus directes et les plus authentiques.

Chacune des livraisons de la *Revue* contient :

Des travaux de littérature, d'histoire, de philosophie et de science;

Un courrier politique et littéraire des principaux centres de l'étranger;

Une chronique musicale, des théâtres et des salons;

Un bulletin financier;

Des articles ou un Bulletin de bibliographie.

www.ingramcontent.com/pod-product-compliance
Lightning Source LLC
Chambersburg PA
CBHW051341060726
47596CB00004B/1726